CHICO BENTO©

SUSTENTABILIDADE E OS CUIDADOS COM O PLANETA

CB123516

Dados Internacionais de Catalogação na Publicação (CIP)
Angélica Ilacqua CRB-8/7057

Nazario, Nina
Turma do Chico Bento : sustentabilidade e cuidados com o planeta / Nina Nazario ; ilustrações de Mauricio de Sousa. — Barueri, SP : Girassol, 2025.
24 p. : il., color. (Coleção Ecologia Verde-Amarela)

ISBN 978-65-5530-918-8

1. Literatura infantojuvenil brasileira 2. Meio ambiente 3. Sustentabilidade I. Título II. Sousa, Maurício de III. Série

24-5752 CDD 028.5

Índices para catálogo sistemático:
1. Literatura infantojuvenil brasileira

Este livro foi impresso em 1ª edição em 2025, em papel couché 115 g/m², com capa em cartão 250 g/m².

Esta obra foi realizada em parceria com o WWF-Brasil, organização da sociedade civil brasileira, apartidária e sem fins lucrativos, que, há 25 anos, trabalha para mudar a trajetória de degradação socioambiental. Ela atua para proteger espécies ameaçadas de fauna e flora, fortalecer a agricultura familiar, combater a destruição e restaurar os ecossistemas do país, defender os povos indígenas e comunidades tradicionais, e muito mais. Conheça mais sobre o trabalho dessa organização em wwf.org.br

GIRASSOL BRASIL EDIÇÕES LTDA.
Av. Copacabana, 325, Sala 1301
Alphaville – Barueri – SP – 06472-001
sac@grupogirassolbrasil.com.br
www.girassolbrasil.com.br

Direção editorial: Karine Gonçalves Pansa
Coordenação editorial: Carolina Cespedes
Editora assistente: Lívia Pupo Sibinel
Assistente de conteúdo e metadados: Rebecca Silva
Texto: Nina Nazario
Diagramação: Deborah Takaishi

Direitos de publicação desta edição no Brasil reservados à Girassol Brasil Edições Ltda.

Impresso no Brasil

MSP Estúdios

Presidente
Mauricio de Sousa

Diretoria Executiva
Fábio Junqueira, Marcos S. e S. Saraiva, Marina T. e Sousa Cameron, Mauro Takeda e Sousa
Conselho
Alice K. Takeda, Mônica S. e Sousa

Mauricio de Sousa é membro da Academia Paulista de Letras (APL)

PUBLISHING

Diretoria Executiva de Conteúdo
Marcos S. e S. Saraiva, Marina T. e Sousa Cameron

Head de Publishing
Wagner Bonilla

Supervisão de Conteúdo
Emerson Agune, Giulia Ebohon, Sidney Gusman, Wagner Bonilla

Gerente de Conteúdo Editorial
Emerson Agune
Editor
Sidney Gusman
Editor de Arte
Mauro Souza
Coordenação de Conteúdo
Giulia Ebohon
Coordenação Administrativa
Cida Rabello
Produção Editorial
Juliana Bojczuk
Coordenação de Arte-final
Juliana Mendes, Tatiana Monteiro
Revisão de Textos
Daniela Gomes Furlan, Lina Furlan

Diretoria Executiva Comercial
Marcos S. e S. Saraiva, Mauro Takeda e Sousa
Diretor de Licenciamento
Rodrigo Paiva
Coordenadora Comercial
Alexandra Paulista
Analista Comercial
Maria Vitorino
Jurídico
Alexandre Siqueira

Desenho de capa
Anderson Nunes

Designer Gráfico e Diagramação
Mariangela Saraiva Ferradás

MSP Estúdios:
msp@mspestudios.com.br Rua Werner Von Siemens, 111 Prédio 19 - Espaço 1, Lapa de Baixo - São Paulo - SP - 05069-900 - Tel. (11) 3613-5000
© 2025 MSP Estúdios. Todos os direitos reservados.
www.turmadamonica.com.br

CHICO BENTO

SUSTENTABILIDADE E OS CUIDADOS COM O PLANETA

ECOLOGIA VERDE-AMARELA

GIRASSOL

NINA NAZARIO

WWF

MSP ESTÚDIOS

Dependência e conservação da natureza

O valor que cada ser vivo tem já seria suficiente para justificar a conservação da natureza e de todas as formas de vida. Mas os seres humanos têm ainda mais motivos para defender o meio ambiente. Você já percebeu que, para sobreviver, dependemos de recursos naturais, como madeira e água, e dos serviços proporcionados pelos seres vivos e ecossistemas?

A ação dos microrganismos

Produção de alimentos

As leveduras, um tipo de fungo, são usadas na fabricação de pães, por exemplo. Certas bactérias e fungos são usados para produzir queijos a partir do leite.

© IADE-Michoko / Pixabay

O etanol, na forma de combustível, é um aliado do ser humano, usado como alternativa à gasolina.

Produção de combustível

Os microrganismos participam da fabricação de combustíveis de origem vegetal, como o etanol e o biodiesel. O etanol, um combustível para carros, é fabricado a partir do caldo da cana-de-açúcar. Leveduras são misturadas ao caldo e, conforme elas se alimentam do açúcar da cana, produzem etanol e um gás. Então, o etanol é separado do resto do líquido para ser comercializado. Já o biodiesel, combustível usado para abastecer veículos como caminhões e ônibus, é produzido a partir do óleo de plantas como a soja, o girassol e a mamona.

© Kateruga Kan / Shutterstock

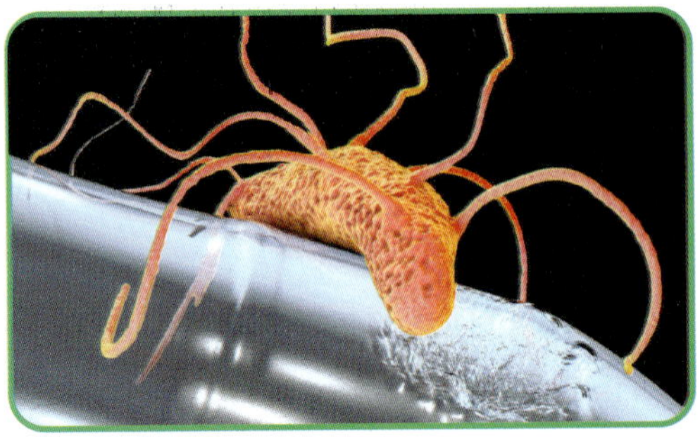

Ilustração da bactéria *Ideonella sakaniensis*. Ela é responsável pela deterioração de plásticos.

Redução da poluição ambiental

Os microrganismos podem ser usados para remover a poluição ambiental. A poluição causada por vazamentos de petróleo no mar pode ser combatida com bactérias que se alimentam desse óleo. A lenta degradação do plástico de garrafas PET pode ser acelerada com a ação de bactérias capazes de quebrar esse material. Como resultado, sobra menos lixo.

A ação dos polinizadores

As plantações de alguns vegetais que fazem parte da nossa dieta, como o arroz, o trigo e o milho, são polinizadas pelo vento. Porém, várias outras culturas agrícolas dependem de polinizadores, como abelhas, moscas, borboletas, vespas, aves e morcegos. Atraídos por cores, cheiros ou pelo néctar das flores, os polinizadores se aproximam delas e em seus corpos grudam-se grãos de pólen produzidos pela parte masculina da flor. Quando o polinizador voa e pousa em outras plantas, ele transporta o pólen para a parte feminina de flores da mesma espécie, polinizando-as.

Já te contaram?

A agricultura depende dos polinizadores. De acordo com um estudo publicado por pesquisadores brasileiros em 2019, eles polinizam plantações, como as de café, tomate, laranja e manga, por exemplo.

Ameaças aos polinizadores

Com a destruição das áreas naturais e o uso inadequado de agrotóxicos nas plantações, os insetos polinizadores têm dificuldades para obter alimento e encontrar locais para construir seus ninhos, podendo inclusive matá-los. Para proteger os polinizadores, é necessário, entre outras medidas, preservar as áreas naturais e criar leis para controlar e reduzir significativamente o uso dos agrotóxicos.

Atração pelas flores

Os animais visitam as flores em busca de recursos oferecidos pelas plantas, como o pólen e o néctar, que servem de alimento. Já os óleos produzidos pelas flores são usados por várias espécies de abelhas na construção de ninhos e na alimentação de larvas, as formas jovens de abelhas.

Olho-vivo

Na companhia de um adulto, observe insetos polinizadores. Quais animais você encontrou? Como eles se comportam? Como são as flores que eles estão polinizando?
Dica: evite usar perfume ou creme antes da observação, pois o aroma desses produtos pode confundir os polinizadores e atraí-los a você.

© Nancy Ayumi Kunihiro / Shutterstock

Abelha-mamangava polinizando uma flor de maracujá.

O papel da água doce

A água é um recurso necessário para as pessoas e para todos os outros organismos que precisam manter o corpo hidratado para sobreviver. A água também pode ser o local de morada de seres vivos aquáticos, como os que vivem em rios, lagos e pântanos. Nesses ecossistemas são estabelecidas diversas cadeias alimentares.

A vegetação e a água

As áreas naturais e os solos preservados ajudam a manter o ciclo e a qualidade da água. As raízes das plantas formam uma espécie de teia subterrânea que mantém o solo e o torna mais permeável à água do que solos desmatados. A água penetra lentamente nos solos de floresta e escorre aos poucos para os rios e os reservatórios subterrâneos. Esses mecanismos são importantes para permitir a oferta constante de água e evitar enchentes.

© Adriano Gambari / WWF-Brasil

A vegetação na margem dos rios é chamada de mata ciliar. Ela ajuda a manter a estrutura do solo da beira do rio, evitando deslizamentos.

Já te contaram?

Rios com vegetação nas margens e localizados em áreas com vegetação preservada têm água de melhor qualidade do que rios de regiões muito afetadas por desmatamento e outras atividades humanas.

Irrigação de plantação.

Atividades humanas

A água doce é extraída do ambiente e é utilizada pelos seres humanos para regar plantas, abastecer as casas e as indústrias, entre outras coisas.

O papel do solo

O solo é essencial para o desenvolvimento da vida. É nele que as plantas crescem e onde vivem diversos organismos, como minhocas, formigas e microrganismos. Com o desenvolvimento das plantas, as cadeias alimentares, que começam com os organismos produtores, podem ser mantidas.

Olho-vivo

Você já notou que existem solos de cores diferentes? Observe os solos dos locais que você frequenta. Eles são escuros ou claros? Têm tons avermelhados ou amarelados? Eles são úmidos ou secos?

Já te contaram?

Os arqueólogos, profissionais que estudam os costumes e a cultura de povos antigos, escavam o solo em busca de achados arqueológicos. Nas escavações, eles podem achar peças como esqueletos humanos, ferramentas de caça e objetos domésticos.

O que tem no solo?

O solo contém partículas minerais, que são pedacinhos de rochas, além de matéria orgânica, ar e água. A areia e a argila são exemplos de partículas minerais e a quantidade desses materiais varia conforme o tipo de solo. Os solos ricos em matéria orgânica em geral são mais escuros, úmidos e férteis.

© Pixel-Shot / Shutterstock

Existem diferentes tipos de solo.

Participação no ciclo da água e filtração

Parte da água que é absorvida pelo solo fica armazenada nele. A outra parte pode parar em reservatórios de água profundos, ser absorvida pelas plantas ou ser utilizada pelos organismos que vivem no solo. A água é filtrada conforme atravessa o solo e chega aos reservatórios subterrâneos com melhor qualidade.

© Lillolillolillo / Pixabay

Quando o solo é recoberto com materiais que o impermeabilizam, a água não o atravessa. Por isso, uma cidade sem áreas verdes pode ter problemas de enchentes.

A natureza modificada

Os seres humanos utilizam a biodiversidade, o solo, a água e outros recursos naturais para sobreviver e melhorar sua qualidade de vida. Uma floresta, por exemplo, ajuda a manter o ciclo da água ao mesmo tempo em que pode ser um local de lazer e apreciação da paisagem. É de se esperar que alguns ambientes naturais sejam modificados com as atividades humanas. Porém, são preocupantes os casos em que as modificações ameaçam a continuidade dos ambientes ou geram muito lixo.

Extração de recursos naturais

Diariamente, temos contato com recursos naturais que foram retirados da natureza, como ao lavar as mãos com a água que sai da torneira ou ao sentar-se em um banco de madeira. Para evitar prejuízos ao ambiente, a extração dos recursos precisa ser feita de modo planejado.

Extração de água

Rios, lagos, represas e reservas subterrâneas são exemplos de fontes de água. Depois de ser extraída da natureza, a água deve passar por estações de tratamento para ficar própria para ser usada.

Extração de minerais

As rochas são formadas por minerais e alguns deles são utilizados na fabricação de produtos. O vidro é um exemplo de material que contém minerais. Ele possui areia em sua composição e os grãos de areia são formados a partir do desgaste de rochas. Os metais são minerais utilizados para fabricar diferentes objetos. O ferro, o aço e o alumínio podem ser usados para fabricar panelas, por exemplo. O cobre pode ser usado para fabricar fios elétricos e esculturas de arte, entre outras finalidades. Outros metais estão presentes em equipamentos eletrônicos, como *smartphones* e computadores.

© Adriano Gambarini / WWF-Brasil

Além de retirar os minerais do ambiente, a mineração modifica bastante o ambiente e pode comprometer a qualidade do solo e da água.

As represas construídas para o abastecimento público de água permitem acumular esse recurso natural no período chuvoso para utilizá-lo durante momentos de seca.

Extração de madeira

Mesas, cadeiras, estantes, pisos, embarcações, instrumentos como o violão e o piano são exemplos de objetos com madeira em sua composição. O papel e o papelão também. A extração de madeira em florestas naturais deve seguir um conjunto de regras que buscam a preservação ambiental. A madeira também é extraída de plantações, como as de eucalipto.

Credit: © Michel Gunther / WWF

As florestas cultivadas são uma alternativa ao desmatamento e costumam ter apenas uma espécie vegetal. Quando as árvores atingem determinado tamanho, são cortadas para fornecer madeira.

Extração de fibras vegetais

As fibras do algodoeiro são uma das matérias-primas mais utilizadas pela indústria de tecido. Depois da extração, as fibras de algodão são transformadas em fios que serão tecidos. Das folhas do sisal são obtidas fibras duras usadas para fabricar cordas, barbantes, tapetes, redes. Já a palmeira-piaçava fornece uma fibra longa, flexível e impermeável usada na fabricação de vassouras, esteiras e coberturas de quiosques, entre outros usos.

Fibras de sisal secando em varal. Essa planta é resistente à seca e ao sol intenso, por isso é cultivada em locais áridos, como em certas áreas do bioma Caatinga.

Construção de cidades

As cidades concentram grande número de pessoas. E para que a população more e realize suas atividades nesses locais, é preciso modificar o ambiente natural original.

Impermeabilização do solo

Enquanto os pedestres circulam em calçadas de concreto, os carros se movem nas ruas de asfalto. Durante a construção de uma cidade, a vegetação é cortada, o solo é recoberto por materiais de construção civil e fica impermeável à água. Sem poder penetrar no solo, a água da chuva se acumula na superfície e pode formar enchentes.

Olho-vivo

Na próxima vez que chover, fique de olho no comportamento da água. Ela é absorvida por diferentes pisos, como um canteiro de terra, um gramado, o asfalto e a calçada?

©Andrew Ostry / Shutterstock

O asfalto é usado para criar as vias de circulação de veículos. Sobre o solo original são formadas ruas e avenidas.

Algumas cidades podem ser muito populosas e movimentadas. As atividades desenvolvidas pelas pessoas têm impactos no ambiente, como a transformação da paisagem e a produção de lixo. Na foto, um retrato da Avenida Paulista, no coração de São Paulo, a cidade mais populosa do país.

Poluição

O lixo produzido pelos habitantes das cidades precisa ter destino correto, senão pode poluir o ambiente. Já a qualidade do ar pode ser afetada com os poluentes liberados por veículos, indústrias e outras atividades. A poluição sonora, por sua vez, é causada por ruídos como os de motor de carros e de máquinas ou da fala das pessoas.

Escapamento de carro liberando poluentes (1) e excesso de fios nos postes da rede elétrica (2). A poluição do ar e a poluição visual são problemas frequentes em muitas cidades.

Ilhas de calor

Os materiais das construções urbanas, como o asfalto, o cimento e o concreto, armazenam o calor do sol. Além disso, as indústrias, os veículos e as atividades humanas são fontes de calor. Por isso, a temperatura nas cidades acaba sendo mais alta do que nas áreas vizinhas, como as áreas rurais.

©Thiago Leite / Shutterstock

Os materiais usados na construção das cidades, como o dos telhados, absorvem e armazenam o calor do sol. Com isso, aumenta a temperatura nas cidades e elas se transformam em ilhas de calor.

Já te contaram?

Superfícies de cor escura armazenam mais calor do que as de cor clara. Por isso, algumas cidades procuram combater o problema da temperatura elevada pintando ruas e telhados escuros com uma cor mais clara.

Importância das áreas verdes

As áreas verdes deixam os ambientes mais frescos. As plantas armazenam menos calor do que os materiais da construção civil e produzem sombra. Elas também resfriam o ar conforme liberam vapor de água. Além disso, durante a fotossíntese, as plantas absorvem o gás carbônico. Esse é um dos gases responsáveis pelo aquecimento do ar atmosférico, pois causa um processo chamado efeito estufa.

© WWF-Brasil

As áreas verdes urbanas, como as de hortas urbanas, têm diversas funções. Entre outras coisas, a vegetação colabora na manutenção do ciclo da água, ajuda a conservar o solo e deixa o ambiente mais fresco.

Cuidados com o planeta

É preciso evitar que os espaços naturais sejam totalmente modificados pelas atividades humanas. Por isso, precisamos adotar medidas que diminuam os prejuízos ao ambiente.

Proteção ambiental

Muitos recursos naturais utilizados pelos seres humanos podem acabar se forem extraídos sem controle. Existe também o risco de esses recursos ficarem em más condições de uso. Por exemplo, a água se torna imprópria para o consumo humano se estiver poluída e solos degradados não podem ser utilizados para o cultivo de alimentos.

Por causa da preocupação com o futuro dos recursos naturais, foi criada uma proposta de desenvolvimento econômico que valoriza a conservação da natureza.

O desenvolvimento sustentável

O desenvolvimento sustentável procura combinar o desenvolvimento econômico com a preservação dos recursos naturais para que as futuras gerações possam usufruir deles. Além disso, esse modelo de desenvolvimento também valoriza o desenvolvimento social. Existe uma preocupação em garantir que todas as pessoas tenham acesso a seus direitos básicos, como o direito à alimentação e à saúde e o de trabalhar e obter renda.

Energias não renováveis

Diversas atividades humanas dependem de energia para acontecer. As fontes de energia não renováveis, como o petróleo e o gás natural, são formadas a partir de processos naturais que levam milhões de anos. Elas são consideradas energias que acabam, justamente porque demoram bastante tempo para serem formadas e estão sendo muito retiradas da natureza. A utilização dessas fontes de energia também causa poluição e mudança climática.

A madeira retirada de plantações pode ser transformada em carvão vegetal. Esse carvão é usado como combustível em grandes fornos da indústria de produção de aço.

Energias renováveis

As energias renováveis permanecem disponíveis na natureza ou podem ser renovadas em pouco tempo, como a energia solar e a energia dos ventos.

Olho-vivo

Repare se na sua casa a iluminação natural é bem aproveitada. As janelas permitem a entrada da claridade do sol? É possível manter as lâmpadas apagadas durante o dia?

O etanol é um combustível fabricado a partir de uma fonte de energia renovável, a cana-de-açúcar.

Painéis solares captam energia solar e a convertem em energia elétrica.

Já te contaram?

As energias solar e dos ventos podem ser transformadas em energia elétrica. A energia gerada pode ser armazenada em baterias e utilizada, por exemplo, para aquecer a água do chuveiro ou acender lâmpadas de uma casa.

O vento movimenta as hélices de turbinas eólicas como as da foto. A energia gerada passa por uma rede de transmissão e distribuição e de lá é enviada para residências, pontos comerciais e indústrias.

Uso sustentável da água e do solo

As atividades econômicas desenvolvidas de forma a preservar os recursos naturais e a garantir os direitos das pessoas podem ser consideradas atividades sustentáveis. Confira como a água e o solo podem ser utilizados de modo sustentável.

A mineração responsável

A água é usada em muitos processos da atividade mineradora, como para lavar os minerais. A água que sobra contém substâncias que serão descartadas, chamadas de rejeitos.

Existem tecnologias que permitem reduzir a quantidade de água consumida no processo de lavagem dos minerais e recuperar a água que contém rejeitos para ser utilizada em outras atividades. Já os rejeitos podem ser usados na fabricação de tijolos, telhas, cerâmica e cimento.

Depois que ocorre a mineração, o solo da área pode ser recuperado, por exemplo, com a adição de matéria orgânica e a aplicação de sistemas que evitam a erosão, que é o desgaste e o arraste do solo.

©Paulo de Abreu / Shutterstock

O terraceamento evita a erosão e a lavagem de nutrientes do solo. Nas plantações de terrenos inclinados são construídas barreiras de terra e canais para conter a água da chuva.

Já te contaram?

Uma torneira fechada que continua pingando desperdiça 10 litros de água por dia se o gotejamento for lento (até 40 gotas por minuto). Se o gotejamento for rápido (entre 80 e 120 gotas por minuto), o desperdício chega a 32 litros de água por dia!

Os alimentos orgânicos são livres de agrotóxicos e seu cultivo não polui o solo nem a água.

A pecuária sustentável

Para evitar que o solo seja muito pisoteado e compactado pelo gado, é preciso controlar a quantidade de animais nas pastagens. Assim a erosão é prevenida e são mantidos os espaços que permitem a entrada de água da chuva no solo. Em certos casos, também é recomendável usar as pastagens naturalmente existentes nos biomas, evitando o corte da vegetação original.

A agricultura sustentável

Diferentes técnicas podem ajudar a conter a erosão do solo nas áreas de plantio. Em terrenos inclinados, o cultivo em terraços diminui a velocidade de passagem da água da chuva, contendo o arraste do solo. Já a cobertura do terreno com palha seca, antes do plantio das sementes, protege o solo de chuvas fortes, do sol e do vento. A agricultura orgânica, que utiliza adubos naturais no lugar dos industriais (que podem conter substâncias tóxicas), evita a contaminação do solo e da água e protege a saúde dos agricultores e consumidores.

Rebanho de bezerros, em Itinga, Minas Gerais, em propriedade familiar, criação sustentável.

O lixo

Você sabe quanto lixo produz por dia?
Segundo os dados de um relatório do ano de 2020, cada brasileiro produz, em média, cerca de um quilo de lixo por dia. Agora imagine essa quantidade de lixo multiplicada pelo número de pessoas que moram no Brasil... é muita coisa, não? E, infelizmente, cerca de 40% do lixo descartado no país vai parar em locais inadequados, como os lixões. Nesses locais, o lixo não tem tratamento adequado e polui o ambiente.

Nos lixões não existe sistema de coleta e tratamento dos resíduos gerados na decomposição do lixo, por isso o solo fica poluído. Outros problemas são o mau cheiro e a presença de animais que causam doenças.

Olho-vivo

Você tem vontade de comprar tudo o que vê? Sente que as propagandas deixam com mais vontade de consumir? Reflita sobre esses temas. Será que você realmente precisa do que quer comprar?

Redução de consumo

A primeira medida para combater o problema do lixo é reduzir o consumo. Comprando somente o necessário é possível diminuir a retirada de recursos naturais do ambiente e produzir menos materiais que serão descartados futuramente.

Reutilização

Muitos materiais descartados podem ser reutilizados. Dá para transformar uma garrafa de vidro em um delicado vaso de flores. Uma embalagem de cereais de papelão pode ser recortada, enfeitada com papel decorado e virar um porta-livros. E que tal usar potes plásticos de sorvete para guardar alimentos ou objetos variados?

Reciclagem

A reciclagem é um processo industrial que permite transformar materiais recicláveis descartados em novos produtos, reduzindo a quantidade de lixo produzido. Assim, objetos como caixas de papelão, latas de metal, potes de vidro e embalagens plásticas são separados pelos consumidores, encaminhados para a coleta seletiva e reciclados nas indústrias.

Olho-vivo !

Pesquise que tipo de lixo é gerado na sua casa. Tem materiais que poderiam ser reutilizados?

Cada cor de lixeira indica um tipo de material reciclável: vermelho para plástico, amarelo para metal, verde para vidro e azul para papel. O material orgânico é depositado em lixeira à parte.

Já te contaram?

Existem diversas iniciativas de fabricação de tijolos feitos de lixo. A composição dos tijolos varia conforme a "receita" do criador. Podem ser usadas matérias-primas como lixo orgânico, materiais recicláveis e não recicláveis e lixo industrial.

©bakecycle / Shutterstock

Polpa feita dos restos de cenouras e beterrabas.

Lixo orgânico

Se for depositado em composteiras, o lixo orgânico se transforma em adubo para as plantas. Além disso, várias receitas culinárias têm cascas de frutas ou talos vegetais como ingredientes.

Consumo consciente

Existem maneiras mais sustentáveis de consumo de produtos e recursos naturais. O consumidor consciente tem atitudes que protegem a natureza e os direitos das pessoas.

Produtos duráveis e reutilizáveis

Os produtos descartáveis, a maioria deles feitos de plástico, acabam virando lixo que vai demorar muitos anos para ser decomposto. Por isso, quando possível, é melhor utilizar produtos duráveis. As sacolas reutilizáveis, também chamadas de *ecobags*, podem substituir as sacolinhas plásticas na hora das compras.

Você conversa com os seus amigos sobre o que vocês podem fazer para ajudar a proteger o meio ambiente? Juntos, vocês podem ter ideias bem interessantes.

Copos reutilizáveis de silicone. Por serem dobráveis, são ótimas opções para transportar e evitar o uso de copos descartáveis fora de casa.

Um pai e seu filho com sacola reutilizável para as compras.

©WWF

Extração sustentável de açaí, no Acre.

Uso sustentável dos recursos naturais

Algumas ações ajudam a economizar água e eletricidade. Fechar a torneira durante a escovação dos dentes, permanecer no banho somente o tempo necessário e reaproveitar a água da chuva para limpar o chão são exemplos de ações que economizam água. Manter as luzes apagadas nos ambientes desocupados, desligar aparelhos elétricos que não estão em uso e evitar a utilização excessiva do ar-condicionado são atitudes de economia de eletricidade.

Produtos sustentáveis

Produtos feitos com matérias-primas ilegais, como penas de animais silvestres ou espécies em extinção, não devem ser consumidos. O consumidor consciente também verifica se as pessoas envolvidas na produção e comercialização do produto tiveram seus direitos respeitados durante o processo.

Já te contaram?

Alimentos quentes não devem ser guardados na geladeira, porque o motor precisa trabalhar mais para manter a temperatura baixa e isso aumenta o gasto de energia elétrica.

©Fotolivia / Shutterstock

Vasos de plantas feitos com fibras de coco-verde, um material sustentável. Em vez de ser jogada no lixo, a casca do coco é reaproveitada e ajuda a proteger uma planta ameaçada, o xaxim.

Selo Procel

Eletrodomésticos mais eficientes gastam menos energia. Uma dica é procurar pelos produtos que tenham o Selo Procel, que garante que o eletrodoméstico está entre os mais eficientes. Seguindo essa dica, o consumidor contribui para o consumo sustentável de energia, colaborando com a proteção do meio ambiente e economizando na conta de luz.

©PROCEL

Selo Procel de Economia de Energia - Eletrobrás/ Procel

Turismo consciente

É possível ter atitudes sustentáveis na hora do passeio e da diversão. O turista consciente fica atento às características dos locais que visita e aos moradores da região e interage com o ambiente e as pessoas de maneira adequada.

Os ambientes naturais merecem ser apreciados com calma e contemplação. Aproveite para explorar outros sentidos além da visão, como a audição.

Nas unidades de conservação abertas ao público há atrativos turísticos, como cachoeiras, mirantes e trilhas de caminhada.

Cuidados necessários

Em alguns ambientes naturais existem placas de visitação com as orientações a seguir, que informam sobre as atitudes do turista consciente.

Não tire nada além de fotos.
Não deixe nada além de pegadas.
Não mate nada além de tempo.
Não leve nada além de lembranças.

Esses são lembretes para trazer de volta o lixo produzido no passeio, não prejudicar os seres vivos nem coletar plantas, conchas ou outros materiais.

Olho-vivo

No turismo de observação da vida silvestre, os animais são apreciados em seu ambiente natural, sem afetar a liberdade e a integridade deles. Fique atento para não participar do turismo que desrespeita os animais. Há pessoas que capturam, tratam mal e sedam os animais apenas para que os turistas paguem para tocar neles e tirar fotos.

© WWF-Brasil

Um visitante desatento perde a oportunidade de ver pegadas de animais, como as de onça-pintada da foto 1, ou de sentir o perfume de frutos, como os de caju da foto 2.

© WWF-Brasil

Crianças e adultos podem observar aves. Essa atividade não interfere nem no comportamento nem no ambiente dos animais e ajuda a desenvolver o gosto pela natureza.

Já te contaram?

As unidades de conservação (UCs) são áreas de conservação ambiental protegidas por lei. Dependendo do tipo da UC, são permitidas atividades como pesquisa, visitação, ações de educação ambiental e extração controlada de recursos naturais. Ou seja, uma UC é tocável, porém com medidas que garantam sua manutenção por mais tempo. Há outras áreas que são chamadas Áreas de Preservação Permanente (APP). Elas são protegidas, cobertas ou não por vegetação nativa, com a função ambiental de preservar os recursos hídricos, a paisagem, a estabilidade geológica e a biodiversidade, facilitar o fluxo da fauna e da flora, proteger o solo e assegurar o bem-estar das populações humanas. Essas são áreas naturais intocáveis, com rígidos limites de exploração, ou seja, não é permitida a exploração econômica direta.

Atenção na natureza

Floresta, campos e outros ambientes naturais são diferentes dos ambientes urbanos. Vale a pena prestar atenção aos detalhes do local visitado, como a existência de trilhas ou pegadas de animais, a variedade de cheiros e as sensações de calor ou frio. Também é preciso ficar atento a situações que podem representar perigo, como buracos no chão ou plantas com espinhos.

Os moradores locais

Os moradores de regiões turísticas podem ter um modo de vida diferente daquele que os turistas têm. É importante respeitar e valorizar a cultura e o trabalho dos profissionais locais. Por exemplo, na contratação de um guia de turismo, vale dar preferência a uma pessoa que nasceu na região.

Glossário

Adubo
Substância aplicada ao solo que contém nutrientes.

Agrotóxico
Produto sintético utilizado no extermínio de pragas agrícolas.

Bioma
Conjunto de vida vegetal e animal constituído por tipos de vegetação parecidos e que ocupam um determinado espaço em conjunto, com condições de solo e clima específicos.

Consumidores
Os seres vivos que não produzem o próprio alimento e ingerem comida para sobreviver. Podem se alimentar dos produtores ou de outros consumidores.

Desmatamento
Derrubada de árvores e destruição de matas que podem causar graves alterações no ecossistema.

Decomposição
Processo em que fungos e bactérias se alimentam de matéria orgânica, como a de folhas de plantas ou de cadáveres de animais. Os decompositores quebram o material em partes menores, liberando nutrientes e sais minerais no ambiente.

Erosão
Desgaste da superfície do solo.

Extinção
Desaparecimento definitivo de uma espécie.

Fotossíntese
Processo em que as plantas produzem seu próprio alimento. Elas absorvem água e nutrientes pelas raízes, gás carbônico e luz pelas folhas, e fabricam um tipo de açúcar que é o seu alimento.

Matéria orgânica
É o material que forma o corpo dos seres vivos. Ossos, fezes, restos de seres vivos, folhas caídas, por exemplo, contêm matéria orgânica.

Produtores
Seres vivos que produzem seu próprio alimento.

Reciclagem
Reaproveitamento industrial de materiais recicláveis descartados (papel, plástico, metal, vidro) na produção de novos produtos.

Índice

Créditos

1 – Etanol: IADE-Michoko / Pixabay; 2 – *Ideonella sakaiensis*: Kateryna Kon / Shutterstock; 3 – Abelha Mamangava: NANCY AYUMI KUNIHIRO / Shutterstock; 4 – Irrigação em plantação: Domínio público / PXhere; 5 – Rio com mata ciliar: © Adriano Gambarini / WWF-Brasil; 6 – Diferentes tipos de solo: Pixel-Shot / Shutterstock; 7 – Chuva sobre asfalto: lillolillolillo / Pixabay; 8 – Escavação arqueológica: JamesDeMers / Pixabay; 9 – Mineração/garimpo: © Adriano Gambarini / WWF-Brasil; 10 – Extração de madeira: © Michel Gunther / WWF; 11 – Fibra de sisal secando: BabaMu / Pixabay; 12 – Cidade brasileira: Eduardo Dutra / Pexels; 13 – Pavimentação: Andrew Ostry / Shutterstock; 14 – Poluição do ar: Ben_Kerckx / Pixabay; 15 – Poluição visual (fios): AbsolutVision / Pixabay; 16 – Horta urbana: © WWF-Brasil; 17 – Vista aérea de cidade cinza: Thiago Leite / Shutterstock; 18 – Plantação de cana-de-açúcar: Adrienne Andersen / Pexels; 19 – Placas solares: Pixabay / Pexels; 20 – Fornalha: Erdenebayar / Pixabay; 21 – Turbinas eólicas: Al3xanderD / Pixabay; 22 – Claraboia: babylass / Pixabay; 23 – Cultivo em terraço: Paulo de Abreu / Shutterstock; 24 – Cultivo orgânico: Jonathan Kemper / Unsplash; 25 – Pecuária sustentável: Vinicius Pontes / Pexels; 26 – Lixão: Emmet / Pexels; 27 – Lixeiras de material reciclável e orgânico: Pawel Czerwinski / Unsplash; 28 – Reaproveitamento de partes de alimentos: bakecycle / Shutterstock; 29 – Reaproveitamento de materiais: ariesa66 / Pixabay; 30 – Pessoa usando sacola reutilizável: Timur Weber / Pexels; 31 – Uso de copo reutilizável: Cottonbro / Pexels; 32 – Vaso de planta feito com fibra de coco: Fotolivia / Shutterstock; 33– Selo Procel: PROCEL; 34 – Direitos das pessoas envolvidas na obtenção de um produto: © WWF-Brasil; 35 – Observação de aves: © WWFBrasil; 36 – Som de um ambiente: zztendh97 / Pixabay; 37 – Turistas recolhendo o lixo: WWF; 38 – Pegadade animal: © WWF-Brasil; 39 – Caju: Mika48 /Pixabay; 40 - Ciclo da água: © WWF-Brasil.

Foto: Lailson dos Santos

Mauricio de Sousa nasceu em 27 de outubro de 1935, numa família de poetas e contadores de histórias, em Santa Isabel, no interior de São Paulo. Ainda criança, mudou-se para Mogi das Cruzes, onde descobriu sua paixão pelo desenho e começou a criar os primeiros personagens. Aos 19 anos, foi para São Paulo tentar trabalhar como ilustrador na *Folha da Manhã* (hoje *Folha de S.Paulo*). Conseguiu apenas a vaga de repórter policial.

Em 1959, publicou sua primeira tira diária, com as aventuras do garoto Franjinha e do seu cãozinho Bidu.

As tiras de Mauricio de Sousa espalharam-se por jornais de todo o país, levando-o a montar um estúdio que hoje dá vida a mais de 400 personagens.

Em 1970, lançou a revista *Mônica* e, em 1971, recebeu o mais importante prêmio do mundo dos quadrinhos, o troféu *Yellow Kid*, em Lucca, na Itália. Seguindo o sucesso de Mônica, outros personagens também ganharam suas próprias revistas, que já passaram pelas editoras Abril e Globo e atualmente estão na Panini. Dos quadrinhos, eles foram para o teatro, o cinema, a televisão, a internet, parques temáticos e até para exposições de arte.

Foto: Tatiana Nahas

Nina Nazario é Mestre em Ecologia pela Universidade de São Paulo (USP), com ênfase em conservação ambiental e ecologia humana. É Bacharel e Licenciada em Ciências Biológicas pela USP.

Autora de livros infantojuvenis sobre biomas brasileiros, publicou as obras impressas *Nina no Cerrado*, *Nina na Mata Atlântica* e *Nina no Pantanal* e um livro virtual sobre formigas-saúvas, *Pedro e as formigas*.

Ministrou cursos e oficinas sobre ambiente e educação ambiental para professores do ensino fundamental da rede pública, estudantes e comunidade em geral. Trabalhou em projeto de coleta seletiva de lixo e em projetos sociais de melhoria de qualidade de vida de populações de áreas urbanas e rurais.

Sua principal atividade é a elaboração e a edição de materiais didáticos de Ciências da Natureza (obras governamentais e para o mercado privado).

Saiba mais em www.ninanazario.com.br e ninanocerrado.wordpress.com/.